একটি আদর্শ সময়

A Purrrfect Time (Bengali Translation)

Written by Sam Miller

Armed Bandit Publishing

আমি যখন সামান্য বিড়ালছানা ছিলাম তখন স্যামের সাথে আমার দেখা হয়েছিল এবং তার তখন দুটি হাতই ছিল। স্যামের জীবন এখনকার চেয়ে অনেক সহজ ছিল, তবে একদিন স্যাম দুর্ঘটনায় একটি হাত হারায়, তবে সে কখনও হার মানেনি। হাসো, এই গল্পটি আমাদের কখনই হাল না ছাড়ার যে সুখ তা মনে করিয়ে দেয়। আসুন, আমি আমার অতীত জীবন একটু ফিরে দেখি।

আমার নাম বব (একটি মেয়ে বিড়াল) এবং আমি এই কাহিনীটি বলব।

ছোট্ট বন্ধুর সাথে মুখ ঘষাঘষি আমাকে উষ্ণ আর খুশি করে।

দরজার নিচে আমার ছোট্ট নখ দেখতে পাচ্ছ? আমি কুকুরটিকে নীচে টানার চেষ্টা করছি। আসলে আমি নিশ্চিত নই যে সে প্রবেশ করতে পারবে কিনা, তবে আমি যথেষ্ট শক্তিশালী।

আমি কি জল চালু করার জন্য যথেষ্ট শক্তিশালী? আমি সারাদিন আমার গা চাটছি কিন্তু এখনও আমার শরীরের দুর্গন্ধ আর আমি গোসল করতে চাই।

আপনি কিভাবে চুলা চালু করেন? আমি ক্ষুধার্ত, তাই আমি আমার খাবারগুলিতে প্রচুর বিড়ালের খাবার দেব।

আমি যদি স্যামের খাবারটি খাই যখন সে দেখছে না, এটি কি চুরি বলবেন নাকি ভাগাভাগি ?

এই লাল লেজার বিন্দুটি ধরা সত্যিই খুব কঠিন ... এটি অত্যন্ত দ্রুত। ওটা তাড়া করলে আমার প্রচুর ব্যায়াম করা হবে।

স্যামের কাছে কীভাবে পোকার খেলতে হয় তা শিখতে হবে যাতে আমি আরও বিড়ালদের খাবার পেতে পারি।

আমি অসুস্থ অবস্থায় স্যাম আমাকে পশু হাসপাতালে দেখতে এসেছিল।

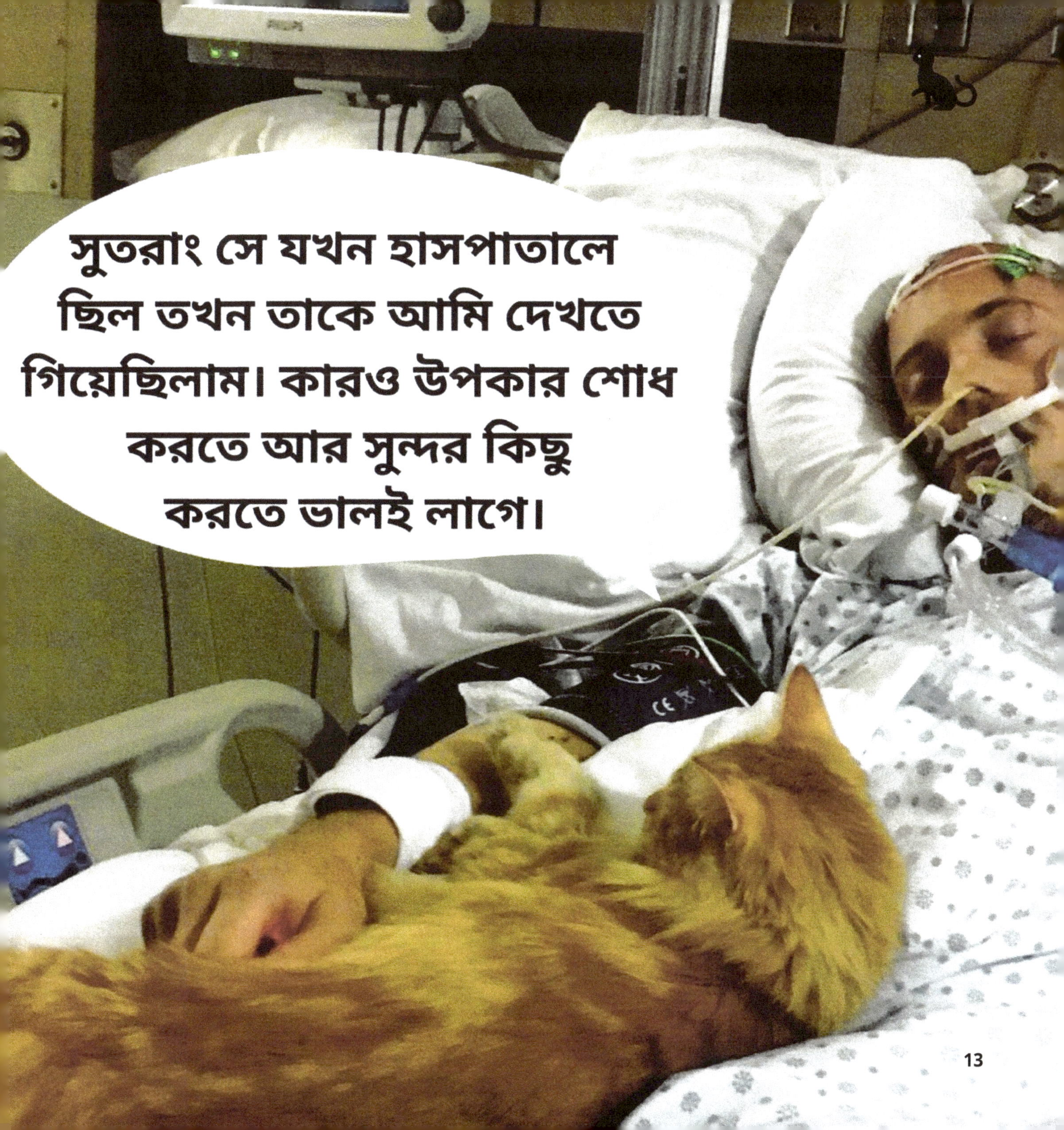
সুতরাং সে যখন হাসপাতালে ছিল তখন তাকে আমি দেখতে গিয়েছিলাম। কারও উপকার শোধ করতে আর সুন্দর কিছু করতে ভালই লাগে।

আমি দেখি স্যাম প্রতিদিন সকালে আমার জলের থালাটি পূরণ করে তবে আমি একটি বিশেষ ধরণের বিড়াল, আমি আমার জন্য কলের টাটকা পানি পছন্দ করি।

এটি ঘুমের সেরা উপায়। যদি আমার কোনও খারাপ স্বপ্ন দেখি তবে আমার নখগুলি স্যামের মুখে আঁচড় কাটবে। সে চিৎকার করে আমাকে জাগিয়ে তুলবে। এটি একটি পারর্ফেক্ট পরিকল্পনা।

আমার যোগ শিক্ষক বলেছিলেন যে আমি যদি এইভাবে ঘুমাই তবে আমার পিঠে ব্যথা হবে না।

এরকম আরামদায়ক জায়গা কি শুধু আমার জন্য নির্মিত হয়েছিল? মানুষের জন্যও কি এরকম স্পট আছে?

কিছু দিন ভাল, কিছু দিন আছে খারাপ। সব আপনার মনের অবস্থার উপর নির্ভর করে।

আমার হাত ও পা স্ট্রেচ করার জন্য এটি আমার প্রিয় জায়গা, এখানে প্রায়শই মাছি উড়ে বেড়ায়। আমি মাছি তাড়া করতে পছন্দ করি।

আমি খাবার খুব পছন্দ করি। সুস্থ থাকতে আমার উচিত নিয়মিত ব্যায়াম নিশ্চিত করা দরকার।

আমি ভাবি কীভাবে আমার মুখের মধ্যে একসাথে অনেক বিড়ালের খাবার ফিট করতে পারি।

স্যাম মাঝে মাঝে আমার পানি ভরে দিতে আলসেমি করে, তাই আজ আমি তারটাই খেয়ে নিচ্ছি।

আমার পরিবার এবং বন্ধুরা বলে যে যে উপরের থেকে দৃশ্য দুর্দান্ত হয়। যে শীর্ষে দর্শনটি দুর্দান্ত। তারা আসলেই সঠিক।

আমি প্রকৃতির দৃশ্য দেখতে পছন্দ করি। আমি মনে করি আমার আফ্রিকা যাওয়া উচিত যেন আমি অন্য ছোট্ট বিড়ালের আকারের দশ গুণ হতে পারি।

স্যাম আমাকে নিয়ে হাঁটতে যায় কারণ আমার ব্যায়াম এবং তাজা বাতাস প্রয়োজন। আমি বাইরে আমাদের একসাথে কাটানো সময় ভালবাসি। এছাড়াও, ঘাস আশ্চর্যজনকভাবে সমৃদ্ধ।

আমি রোদে আরাম করতে পছন্দ করি।

আমি ঘুমানোর পরে সাধারণত কিছুটা স্ট্রেচ করি।

স্যাম আমার জন্য একটি আদর্শ বাসা তৈরি করেছে। আমি সত্যিই তাঁর সাথে থাকতে ভালোবাসি।

এটি মুখ ঘষাঘষির করার একটি আদর্শ স্থান। আমি স্যামের চারপাশে সত্যিই আনন্দিত এবং স্বাচ্ছন্দ্য বোধ করি। আপনাকে আনন্দিত করে এমন লোকদের পাশেপাশে থাকা গুরুত্বপূর্ণ। একসাথে থাকলে আমাদের সবসময় জীবন ভাল থাকবে।

একদিন স্যাম ফোনে কথা
বলছিল এবং আমি তাকে তার বন্ধু বলতে শুনেছি:

"কখনও কখনও যখন আমি কারও সাথে কথা বলি,তখন শুনি না কারণ
আমি যা বলতে যাচ্ছি তা নিয়ে আমি ভাবছি। লোকেরা শুনাতে চায় এবং
আপনি শুনছেন তা নিশ্চিত
হতে চায়। আমি বুঝতে পেরেছি যে তাদের আপনাকে কী বলতে হবে সেটির
প্রতি মনোনিবেশ করা খুব গুরুত্বপূর্ণ এবং আপনি তাদের কী বলতে চাইছেন
তাতে তারা আগ্রহী হবে।

-আমি কে, আমি যাদের সাথে বেশিরভাগ সময় ব্যয় করি তাদের দ্বারা
প্রতিফলন। আমি নিশ্চিত হয়েছি যে আমি আমার বিশ্বাস, শ্রদ্ধা এবং যার
সাথে উপভোগ করি তাদের সাথে আমার সময় ব্যয় করি।

-যখন জিনিসগুলি কঠিন
 হয়ে যায় এবং আমাদের লড়াই করতে হয় বা একটি চ্যালেঞ্জের মুখোমুখি
হতে হয়, তখনই আমি নিজের এবং আমার বন্ধুদের সম্পর্কে অনেক কিছু
জানতে পারি। আমি সংগ্রাম এবং ব্যর্থতা আলিঙ্গন করতে এবং প্রয়োজনে
সাহায্যের জন্য আগাতে শিখেছি। "

-স্যাম ঠিক বলেছে, আমার ধারণা, সে কারণেই সে এবং আমি এত ভাল বন্ধু।

আপনি কি ১ প্রতিটি পৃষ্ঠায় পেয়েছেন?

স্যাম: এই বইটি আমার শখ হিসাবে শুরু হয়েছিল। আমি আমার জীবনে যে সমস্যার মুখোমুখি হয়েছি সেগুলি থেকে আমার মন ঘোরানোর একটি উপায় ছিল। এটি আমার প্রয়োজনীয় থেরাপি পরিণত হয়েছিল। এটি আমাকে নিজের সম্পর্কের পাশাপাশি চ্যালেঞ্জ এবং কঠিন পরিস্থিতির মোকাবিলার উপায়গুলি সম্পর্কে অনেক কিছু শিখিয়েছিল।

- দীর্ঘদিন ধরে, আমি ভেবেছিলাম জীবন কী আমি জানি এবং সবচেয়ে গুরুত্বপূর্ণ কী। আমি খুব, খুব ভুল ছিলাম। আমি যখন নতুন চ্যালেঞ্জের মুখোমুখি হয়েছি এবং সেগুলি জিতেছি তখন বুঝতে পেরেছিলাম যে আমার জন্য কি গুরুত্বপূর্ণ। তখন আমি একটি সুশিক্ষিত সিদ্ধান্ত নিতে সক্ষম হয়েছি যা আমাকে সত্যই খুশি করতে পারে। ব্যর্থতায় কোন লজ্জা নেই এবং আবার চেষ্টা করতেও লজ্জা নেই। দৃঢ় প্রতিজ্ঞ ব্যক্তিরা প্রায় সবসময় যা চান তারা তা পান। আপনাকে শক্ত থাকতে হবে!

রঙ করার পাতা